Degubogen

- for dig der holder degu

Nanna Kristensen

Degubogen

– for dig der holder degu

Degubogen – for dig der holder degu
Copyright © 2008 Nanna Kristensen
Forlag: Books on Demand GmbH, København, Danmark
Tryk: Books on Demand GmbH, Norderstedt, Tyskland
Bogen er sat med Times
Foto: © Alle foto er privatoptagelser af
Nanna og Per Kristensen.
Omslag: Nanna Kristensen
ISBN-13 9788776919498

www.degu.dk

INDHOLDSFORTEGNELSE

FORORD

Deguen er blevet et populært dyr i mange hjem. Ofte kan man imidlertid være usikker på, hvordan man sikrer sig at deguen får et godt liv, så man med god samvittighed kan nyde sine dyr.

For vi kommer ikke uden om, at dette er en degu i ufrivilligt fangenskab. Det er rendyrket egoisme fra os som mennesker! Jeg håber, at ved at dele min viden om deguen, vil din degu få et bedre liv end hvis vi alle hver især skal prøve os frem.

At holde deguer i fangenskab vil oftest være et kompromis mellem dit behov for let at kunne iagttage deguen og komme i kontakt med den, og et ønske om at give deguen de allerbedste forhold. Så godt som det nu kan lade sig gøre på den plads man har til rådighed.

Deguen er en frihedselskende lille gnaver som vi mennesker har taget til os pga. dens charme, naturlige nysgerrighed og det faktum, at den er forholdsvis ukompliceret at holde både for børn og voksne. Jeg har sammen med min mand haft deguer i omkring 6 år. Vi startede med en flok på 5 individer i et bur, og havde til sidst hen ved 200 individer i en kæmpevoliere.

DEN VILDE DEGU

For at forstå deguens behov er det en god ide at begynde med at finde ud af, hvor i verden denne lille gnaver kommer fra, og hvordan den lever i naturen.

Deguen lever vildt i bl.a. kystområderne i Chile. Chile ligger som bekendt i Sydamerika, mellem Andesbjergene og Stillehavet, og stækker sig over flere klimazoner med subtropisk i nord - og midt Chile, og på grænsen til polarklima i syd. Den kolde Peru strøm giver en del af kystområderne - der hvor deguerne holder til, en gennemsnitlig dag temperatur på sjældent mere end 28-30 grader. Og en nat temperatur der kun sjældent kommer under 3-5 grader.

Deguerne holder til i flokke, oftest bestående af en han og et antal hunner, samt de unger der endnu ikke er gamle nok til selv at danne en flok. Deguflokke er meget territoriale. De holder sig til det område som flokken har defineret som deres, og de forsvarer dette område overfor andre indtrængende deguer.

Deres foretrukne terræn, er et varieret landskab med mulighed for at søge sikkerhed og finde sove - og redeplads. Og ikke mindst for at grave huler, gangsystemer og naturligvis finde føde.

Deres føde i naturen er stort set alt tilgængeligt grønt, frugt, nødder og bær, rødder og korn. Det siger næsten sig selv, at da deguen samtidig har en glimrende formerings-evne, regnes de ofte for skadedyr af den lokale befolkning. Store områder kan undermineres og ødelægges af deres gangsystemer. Og da de tillige er hvad vi kalder tillidsful-de, - den lokale befolkning vil nok kalde dem respektløse, så indfanges de i stort antal.

ALDER I NATUREN

Ved studier i fangenskab har man set et enkelt dyr blive 9 år. Vi har selv 2 deguer af vores oprindelige flok på 5 dyr. De var voksne da vi fik dem, og det er her i 2008, nu 6 år siden. Hos disse to dyr, er der kun få synlige alderdoms-tegn.

I naturen vil kun 50 % af deguerne nå at blive 1 år. Og kun 10 % af disse når at blive 2 år. Derfor er det naturligvis vigtigt for artens overlevelse, at de bliver tidligt kønsmod-ne. Der er hørt om hunner der er parret allerede 9 uger gamle, men dette hører dog til undtagelsen.

DEGUENS FAMILIE

Deguen tilhører octodont gnaverfamilien. Det betyder at den er i familie med chinchilla, marsvin, agutier og flod-svin. Dens latinske navn er octodont degus. Octodont hen-tyder til slidfladen på deres tænder der har form som et 8 tal.

Deguen har i alt 20 tænder. De 4 fortænder som er tydelige at se! Der er 4 små kindtænder og endelig seks par kind-tænder. Kindtænderne kan som regel kun ses, hvis man ser deguen gabe. En meget speciel ting som ofte bekymrer mange førstegangs deguejere, er farven på deguens tænder. Men – de skal være gul/orange! Sådan en nikotingul farve er rigtig fin, - hvis man altså er en degu.

Deguens naturlige pelsfarve er mellembrun med områder der kan være lysere eller mørkere. Pelsen er kort og blød og omkring øjnene ses en lys ring.

Der er efterhånden flere forskellige farvevarianter af dyr i fangenskab, fra beige over brun til grå og sort. Også blå er nævnt, ligesom rødgylden og hvide med grå områder er set i avl.

Deguens øjne er store og mørke, og placeret på siden af hovedet. Denne placering giver et meget bredt synsfelt. Deguens øjne er indrettet således, at den ser omgivelser i grøn og UV (ultraviolet). Altså en noget anderledes farve i forhold til dit og mit syn.

Ørene er opretstående og med en størrelse der indikerer at dette er et dagaktivt dyr. Et dyr der ligeså meget orienterer sig ved synet. Ofte vil nat aktive dyr have meget store ører for at opfange så meget lyd som muligt. Ørene er ligesom næsen, hårløse og mørke. Deguernes størrelse kan hos de voksne deguer varierer en del, med en vægt fra ca. 125 g. og op til 250 g.

Kropslængden hos den voksne degu er ca. 14 -18 cm. hvor både mindre og større individer naturligvis kan forekomme. Ved indavl vil man ofte opleve at afkommet for hver generation enten bliver større og større, eller mindre og mindre.

Deguens hale er sædvanligvis nogle cm. kortere end selve kropslængden på dyret. Halen er med meget kort pels indtil de sidste 2-3 cm. Den slutter i en hårdusk med en mørk, næsten sort glat pels, med en hårlængde på få cm.

Halen hos deguer er meget speciel! Deguen kan nemlig afstøde en del af halen, hvis den bliver holdt fast og har brug for at flygte. Firben kan afstøde hele halen, med en markant og begrænset sårflade til resultat. En sårflade der oftest heler fornuftigt. Og hos firbenet vokser en ny hale ud som dog aldrig opnår den oprindelige hales længde.

Hos deguer er det imidlertid overvejende hud, sener og muskler der afstødes, mens halens knogler ofte vil være tilbage. Det giver det problem, at der efterlades meget sår overflade der kun vanskeligt kan hele op. Dette vil derfor ofte blive nekrotisk, dvs. der går koldbrand i det, - vævet dør! Er man "heldig", vil denne halestump simpelthen falde af, og efterlade en kortere hale, der heler op. Men der kan også gå betændelse i såret, og denne betændelse kan trække ind i kroppen på deguen og blive fatal. Derfor, - træk ALDRIG en degu i halen!

Deguens forpoter har fem tæer og bagpoterne fire tæer. Hver tå har en kort, skarp, buet klo. Den 5 tå på forpoten er kortere, - som vores tommelfinger. Deguens tæer er meget bøjelige og med stærke gribereflekser der bruges når deguen kravler rundt. Og som hos de fleste gnavere, sidder deguen da også på bagbenene og kan med forpoterne meget præcist håndtere selv den mindste ting.

DEGU I FANGENSKAB

Hvor får man fat på sådan en fætter?

Ofte har dyrehandlere deguer til salg, eller de kan skaffe dem på bestilling. Man kan kikke i salgs annc. i avisen. Og på internettet i diverse dyreforum kan man ofte finde deguer til salg. Eller måske har man fået tilbudt en degu af nogen der har fået unger og derfor søger aftagere.

En lille men alligevel ret vigtig ting når man skal transportere sin degu hjem, er kassen. Det bedste er hvis man har en degu transportkasse, - men jeg har endnu ikke set sådan en færdiglavet! Er det hos dyrehandlen, får man oftest udleveret sin degu i en lille papæske, med besked om at tage benene på nakken og skynde sig hjem, inden den har bidt sig ud. Det tager kun meget, meget kort tid!

Eller man bliver anbefalet at købe en af de nuttede små transportkasser beregnet til marsvin! Kasser der er en miniudgave af en hunde/katte transportkasse i plast.

Den gnaver den sig også ud af. Hvad gør man så? Mit forslag er, at lave en lille æske i træ med meget små lufthuller. Eller allerbedst, at fremstille en æske i en stump volierenet. Man kan lukke den forsvarligt med et par karabinhager. Så ved man at man, også har en degu når man kommer hjem.

ER DEGUEN FOR BØRN ELLER VOKSNE?

Eller rettere, er dette et dyr udelukkende for voksne, eller kan børn også have glæde af en degu?

Deguen er pga. dens sociale adfærd, dens forholdsvis rolige måde at bevæge sig på, og det faktum at den er dagaktiv, et glimrende dyr for både børn og voksne.

Med børn mener jeg dog, at det til en hver tid må være forældrenes ansvar at vurdere om deres barn er i stand til at håndtere et dyr forsvarligt, og deltage og tage del i ansvaret for pasningen.

Det er min erfaring, at man til dels kan overlade den daglige pasning af et dyr, til et barn fra ca. 8-9 års alderen. Men, - man kan <u>aldrig</u> overlade ansvaret for pasningen til et barn alene. Som ansvarlig voksen må man hver eneste dag have et øje på, at deguen bliver passet, fodret og får opfyldt sit sociale behov. Man kan ikke forvente et barn kan overskue konsekvenserne, hvis de glemmer at fodre eller simpelthen mister interessen. Børn udvikler sig og ændrer måske interesse, og man kan ikke altid forvente at et barns interesse som 9 årig, vil være lige så stærk fire år senere. Den voksne må <u>altid</u> være bevidst om sit overordnede ansvar for ethvert dyr i hjemmet, uanset barnets eller teenagerens tilsyneladende store ansvarlighed.

BOLIGFORHOLD

Har man fået lyst til at holde degu, er det altafgørende, at man inden man kommer hjem med den, har sørget for en bolig til den lille gnaver. Og her lægger jeg virkelig tryk på gnaver, for det er det den gør! Den gnaver! Og den kan gnave sig ud af et bur på forbløffende kort tid. Så er du advaret!

En næsten indlysende ting ville være at foreslå et stort akvarium. Men, - deguer elsker at klatre, og et akvarium begrænser muligheden for dette, bl.a. fordi det er vanskeligt at sætte ting fast i et akvarium. Altså må man fylde det op i bunden, og så kan man ikke få øje på sin degu!

Men for at starte med det vigtigste først, hvor meget plads sådan en fyr skal have? MEGET! Så meget som muligt!

De fleste hjem har dog trods alt ikke som hos os, en hel stald de kan ombygge til voliere, og må derfor nøjes med mindre. I vores sædvanlige foderstof og dyrehandel, forhandles et bur benævnt som Chinchilla bur. Buret er helt i metal, - også bunden. Det er inddelt i lag med trådhylder med stige til næste etage. Buret findes i mindst to forskellige størrelser. Hver især rigelig til en eller to deguer. Burene indbyder til at man selv fylder mere indretning på, og giver mulighed for at deguen kan røre og indrette sig. Ha´ udkiksposter og huler. Prisen er særdeles rimelig, - fra ca. 550 - 750 kr. Desværre kunne indehaveren ikke give mig et navn på producenten. Kun at det var: Made in China! Spørg blot efter buret i den lokale dyrehandel.

Et andet forslag er bl.a. disse udmærkede stue volierer be-
regnet til småfugle. De er ofte helt i metal og med ganske
små mellemrum mellem tremmerne, og er derfor sikre som
degu bur. De har også en god størrelse der indbyder til at
indrette med masser af aktiviteter, hylder, huler, klatretræ,
kraftigt tov, osv. Prisen er også ved at være fornuftig, om-
kring 1500 kr. har jeg set dem til, og brugte kan naturligvis
fås for noget mindre.

Man kan naturligvis bygge en degu bolig selv. Jeg anbefa-
ler at man bruger volieretråd der fås i de fleste byggemar-
keder. Det klippes til med en skævbider, eller hvis man
skal arbejde med meget store stykker, med en vinkelsliber
til at skære tråden over med.

Der er oftest behov for at have en ramme til at stabilisere
med. Man kan lave en i træ, men husk at montere tråden på
indersiden så deguen ikke æder rammen. Man kan alterna-
tivt benytte stængerne fra en billig metalreol, der kan fæst-
nes til tråden med en bolt, gennem de huller der er i stan-
gen i forvejen. En spændeskive vil forhindre bolten i at
ødelægge tråden.

Har man brug for at samle tråd, kan man få særlige nitter der klemmes sammen med en speciel tang. Dette giver en meget stærk samling. Spørg i det lokale byggemarked.

Problemet vil altid være selve bunden af buret! Måske kan man finde en plastkasse der passer til ens projekt. Husk at lave en konstruktion så deguen ikke kan gnave i plastik kassen. Man kan evt. lave et "skørt" af volieretråd der dækker kanten af plastiksiden. Eller, man kan hos en smed få lavet en bakke i zink i det mål man skal bruge.

Husk i indretningen, at deguer bruger huler i naturen, og sørg for at deguen har noget at sove i. En trækasse af råt træ uden maling eller træbeskyttelse er fin, og bliver sjældent bidt helt i stykker. Brug din fantasi og du vil opdage at meget andet kan bruges. Vi har f.eks. brugt store ler urtepotter som bliver lagt i bunden som hule.

Deguer bruger redematriale, - både til den egentlige rede hvor hunnen føder sine unger, men også til at fore og rede sengen med. Og alt kan bruges! Hos os har favoritten været, når de fik tilbudt papirservietter og strimlet bomuldsstof fra et gammelt lagen. Men også hø og halm kan bruges.

Som strøelse bruges oftest spåner. Vi har forsøgt med kattegrus, men det støver en del. Spåner fås i mange forskellige kvaliteter, bl.a. også som et granulat der er særlig velegnet til gnavere. Vær opmærksom på, at bundlaget ikke må være tilsat duftende stoffer. Deguen går med næsen helt ned i det, og det kan være stærke sager for sådan et lille dyr.

Deguer har, heldigvis for os mennesker, en svag kropslugt. Deres afføring er små tørre pølser, men de tisser en del. Der er dog ikke den sædvanlige meget skarpe lugt ved deres urin, som man sædvanligvis ser hos gnavere. Strøelsen skiftes efter behov, og da de oftest foretrækker at bruge et hjørne af buret til toilet, kan man nøjes med at skifte materialet her, måske hver 2-3 dag. Husk dog alligevel, jævnligt at vaske hele bunden grundigt. Vær opmærksom på, at skylle grundigt efter, så der ikke efterlades sæberester.

Deguer elsker ligesom chinchillaen at støvbade. Og det er unægtelig en støvet oplevelse at tilfredsstille dette behov i et bur der måske står i stuen, og hvor man nok ikke ønsker sand overalt.

Men med en smule opfindsomhed kan det godt lade sige gøre. Har man blot få dyr, kan man bruge et stort sylteglas,

- helst med snæver åbning. Heri fyldes et lag chinchilla eller fuglesand og glasset lægges på siden i bunden af buret. Det vil være begrænset hvor meget sand der nu kommer ved siden af. (Chinchilla – og fuglesand er varmebehandlet og derfor uden smittestoffer.)

Eller, - man kan anskaffe en plastbøtte med låg. Skær et hul i låget hvor deguen netop kan komme igennem og fyld sand heri. Denne model skal naturligvis ikke være i buret hele tiden, da de så vil bide den i stykker, men deguen vil til gengæld glæde sig, når du tilbyder den et sandbad.

En anden ting er deguens meget store behov for at grave, og grave mad ned. Deguen gemmer mad i depoter, og det kan være morsomt at iagttage dem grave mad ned til dårlige tider. En potte med kattegræs kan deguen bruge til både at grave i og gemme forråd i. En lille portion jord fra haven eller alm. pottejord i en dyb skål af ler eller zink kan såmænd også bruges. Kunsten er, at finde en størrelse potte der ikke indbyder til at støvbade, men stor nok til at deguen alligevel kan grave.

Indretningen af buret er morsomt at gå i gang med. Grene kan anbringes så de danner trapper eller broer tværs gennem buret. Grenene bør være af en vis tykkelse, omkring

3-4 cm. i diameter. Til at fastgøre grene, bruger vi en stor spændeskive med lille hul, som vi anbringer uden på burets side. En skrue føres gennem hullet og gennem tremmen i buret og ind i grenens ende. Så sidder den godt fast og det er nemt at udskifte grenen. Husk at det altid skal være usprøjtede grene der bruges, da deguerne naturligvis også gnaver og spiser af dem.

Især grene af frugttræer er gode. Frugttræer skal jo beskæres hver år, så måske kan man tigge sig til nogle grene, hvis man ikke selv er indehaver af et frugttræ i baghaven. Men husk lige det med sprøjtningen!

Også grangrene kan bruges – og gerne med nåle som deguerne spiser. Vær obs. på, at købte grene som f.eks. pyntegrønt ofte er sprøjtet!

Nogle bruger et hjul i buret som deguerne kan løbe i. Jeg har aldrig selv haft lyst til at give mine deguer et hjul da jeg har tænkt at det måtte stresse dyrene. På et tidspunkt havde vi imidlertid en ung hun som gik sammen med andre deguer i et pænt stort bur. Hun havde for vane, - trods den gode plads, at gnave i tremmer i timer om dagen!

Hun skulle flytte til en dejlig han der manglede en kone, og hun blev for en kort periode sat i et bur hvor der i forvejen var et løbehjul. Det fandt hun hurtigt ud af at bruge, og hun brugte lang tid hver dag på at springe ud og ind i hjulet og løbe. Selv når hun fik sin jordnød tog hun den med ud på en løbetur først. Efter hun var flyttet satte jeg derfor hjulet ind til de gamle hanner. Det har dog ingen interesse for de gamle nisser! Man kan få helt lukkede hjul som forhindrer deguen at få halen i klemme.

Ved placeringen af deguernes bur skal man være obs. på, at de ikke har godt af at stå lige ved siden af en kraftig varmekilde. Det er altså ikke en god ide at sætte dem op ad en radiator eller tæt på brændeovnen. De må naturligvis heller ikke være udsat for træk fra en dør eller vindue, eller når der luftes ud. Frisk luft er fint, men ikke træk!

Er buret placeret i stuen så der kan komme direkte sollys, så sørg for at deguen også kan komme i skygge i buret. En avis lagt over buret kan tage den værste varme. Deguerne holder meget af at solbade, og man vil kunne se dem ligge og suge varme til sig. Den vil brede sig ud så den får så stor en overflade som muligt. Ganske som fugle der spreder vingerne for at suge varme til sig. Ofte vil den snuppe sig en god lang lur imens, så vær opmærksom på ikke at forskrække den. Men selvom deguen holder af solbadning, så husk skyggen, så den selv kan vælge.

FODER

Deguer er vegetarer! Det kan ske de snupper et insekt, men dette er ikke en del af deguens normale føde, og er ikke nødvendig for dem. Man vil ofte høre at deguerne absolut ikke må få noget som helst sukkerholdig mad, da de kan have let ved at få sukkersyge.

Deguerne benyttes i forskning af sukkersyge, netop pga. tendensen til sukkersyge. Deguer har en anormal insulin produktion og kan ikke fordøje raffineret sukker. Raffineret sukker, er det det sukker som du og jeg bruger i vores madlavning.

Deguerne har imidlertid et enzym i deres mavesæk, som gør dem i stand til at fordøje det sukkerstof nogle planter indeholder naturligt, og i ubehandlet tilstand.

En Mariekiks er derfor ikke godbid! En nød er bedre.

Et dyr med sukkersyge vil man se drikke store mængder vand, og det vil i løbet af kort tid, tabe sig ganske voldsomt i vægt. Desværre er det sjældent muligt at behandle så lille et dyr, med godt resultat.

De fleste råd om fodring af deguer anbefaler at bruge gnaver piller, som er findelt, tørret foder, presset i små piller, kaldet granulat. Når foderet er blandet sådan, kan deguen ikke sortere, - og sortere fra, og der er intet foderspild. (At jeg så synes det må være ret kedeligt for en degu, at spise sådan helt ensformigt foder, er en anden sag). Der suppleres med grønt, ofte i form af et stykke agurk og nogle salatblade, og evt. giver man en nød en gang om ugen. Ofte bruges der så at give en rosin som godbid. Dette er hvad der sædvanligvis anbefales.

Følgende er hvordan jeg hver dag gennem 6 år, har fodret mere end sammenlagt 200 deguer.

Gnaverfoder suppleret med grøntsager og frisk frugt af alle slags. Masser af friske små kviste med bark og blade samt ukrudt af alle slags. Da vi er så heldige at have både valnødder og hasselnødder i haven, samler jeg sammen og deguerne får tilbudt disse hver dag, så længe lageret rækker. Husk at give nødderne i skallen, deguerne kan sagtens få dem ud. Som godbid, - fast hver morgen for at have en vane i forhold til dyrene, tilbyder jeg hver degu en jordnød som skal hentes af hånden. Tør den ikke tage den, - får den ingen! Og de tør som regel!

Deguer skal altid have adgang til hø, der er vigtig for deres fordøjelse. Det er vigtigt at det hø man bruger er tørt og frit for støv. Prøv også at dufte til høet! Det skal dufte dejligt og aldrig af mug. En lille håndfuld om dagen rækker fint til et par dyr.

Der skal altid være adgang til rent vand som deguer drikker en del af. Det er nemmest at bruge en drikkeflaske med drikkenippel.

Vær opmærksom på hvis der er unger, skal de kunne nå flasken. Unger drikker vand selvom de stadig får mælk hos deres mor.

Jeg har i omtalen af burets indretning skrevet at deguer graver deres mad ned. Deguer samler forråd hvis der er overskud af mad. Ikke helt som en hamster der kan finde på at tømme foderskålen straks den er fyldt, men særlig gode ting kan de gemme i lagre.

Derfor har vi hos os, både ved vores dyr i bure men især i den omtalte store voliere, med jævne mellemrum en faste dag. Derved sikrer vi os at deguerne tømmer deres lager af føde.

EN, - TO - MANGE DEGUER

Når man står for at anskaffe sig en degu, dukker spørgsmålet om et, to eller flere dyr, altid op.

Der er overhovedet ingen tvivl om, at deguer bør være sammen med deguer. Det er endog meget sociale flokdyr, og det er indlysende, at et godt liv er betinget af et godt socialt liv.

Alligevel vil jeg sige: Tænk dig om! Og tænk dig så om en gang mere! Hvad er formålet med at få en degu? Vi kan vel godt blive enige om at når du anskaffer dig en degu, er for at du kan hygge dig med dyret eller dyrene. Men:

- er det fordi du gerne vil have en tam degu der kan sidde på din skulder og følge dig rundt i huset?
- vil du gerne iagttage deguens liv i et stort bur i din stue?
- eller vil du i bund og grund, gerne have en stor flok i en voliere og følge deres liv så frit som muligt?

En enlig degu, han eller hun, kan blive endog meget tam.

En lille flok på få dyr af begge køn, kan du sagtens få ret tamme og fortrolige, og få til at spise af hånden.

En flok der lever i et voliere anlæg, vil ikke have behov for at ha' den tætte kontakt med dig, og vil - hvis de er født i volieren, - ikke blive tamme.

Er det synd at have en enlig degu! Ja, - det er det vel, - men det er nu engang de valg vi gør os! Ligesom vi også kan vælge at holde en enkelt undulat, en enlig kat, eller en enkelt hund! Så ved vi godt, at vi skal erstatte den sociale kontakt med en af samme art. Og det kan ikke gøres på 10 min. om dagen.

Når man har besluttet sig for hvad man vil have, en enkelt, to eller flere deguer, kommer spørgsmålet om køn.

Har man kun en enkelt degu, er det helt underordnet hvad man vælger.

Ønsker man to eller flere, er det bestemt ikke ligegyldigt. Et par kan blive til ganske mange dyr på overraskende kort tid. Og det kan være svært og tidskrævende, og måske umuligt at finde hjem til alle dyr.

Hvis man vil etablere en stor voliere, er det naturligvis indlysende at starte med et par, eller en enkelt han og et antal hunner.

Vil man gerne have to dyr, så lad det være sagt med det samme: Det er som at vinde i lotteriet at få to hanner der vil kunne enes gennem hele livet! De vil være venner af nødvendighed, men de vil også slås! Hvis man insisterer på at få to hanner så SKAL det være fra samme kuld og de skal være unger! Og, - der må ikke være hunner i nærheden de kan høre eller lugte.

Hunner vil stort set altid kunne enes både uden en han og også deles fint om den samme ham.

I en voliere der er stor nok, kan der ofte godt være flere hanner. Men her vil man starte med en enkelt han, og så med tiden lade nogle af de unge hanner blive i volieren.

Det vil være ret nemt at se når der med tiden er for mange hanner. De vil blive udstødt, og de/den gamle han/hanner vil jagte dem, og evt. slå de unge hanner ihjel. Det er barskt men virkelighed, når territoriet sætter sine begræns-ninger.

Vi oplevede når der var for mange hanner i vores store vo-liereanlæg, at de unge hanner fra omkring 5 ugers alderen samledes i flokke der holdt til på udvalgte steder. Her ene-des de nogenlunde fordrageligt, indtil de blev kønsmodne 4-5 mdr. gamle. Så var det ikke ret fordrageligt længere, og vi blev nødt til at fjerne dem fra volieren.

Det sværeste når man har besluttet sig for antal og køn, er i virkeligheden at se forskel på kønnet. Har man med sik-kerhed en voksen han og hun er det ret nemt. Men står man med et par unger, og måske er uheldig at det ikke er en af hver, er det meget svært at se om det er hunner eller han-ner. Bliv derfor ikke for vred på din dyrehandler, hvis han tager fejl af kønnet på et par meget små unger. Det bør dog ikke ske med voksne dyr.

Jeg endte med at blive ret sikker, og kunne til sidst kønsbestemme unger når de var en uge gamle. Men jeg havde også havde mange at øve mig på. Men det er bestemt ikke almindeligt at kunne se forskel så tidligt.

Det er lidt svært at forklare hvordan du ser forskel på de helt små unger, - især hvis der ikke med sikkerhed er begge køn at kikke på.

Hos de voksne er det langt mere sikkert. Der er et langt mellemrum mellem anus og penis hos hannen, mens hunnens kønsåbning sidder ret tæt på anus. Kik på billederne af voksne dyr for at se forskellen

Hos ungerne vil den samme afstandsforskel gøre sig gældende. Er man i tvivl om ungen nu er en han, kan man (først når ungen er ca. 2-3 uger gammel), placere et par fingre på hver side af det man nu mener er penis og forsigtig skubbe huden ned mod anus. Hos hannen vil man have en fornemmelse af at trække forhuden tilbage. Er det derimod en hun, vil man blot stramme lidt i huden og se en lille lyserød spids trekant titte frem.

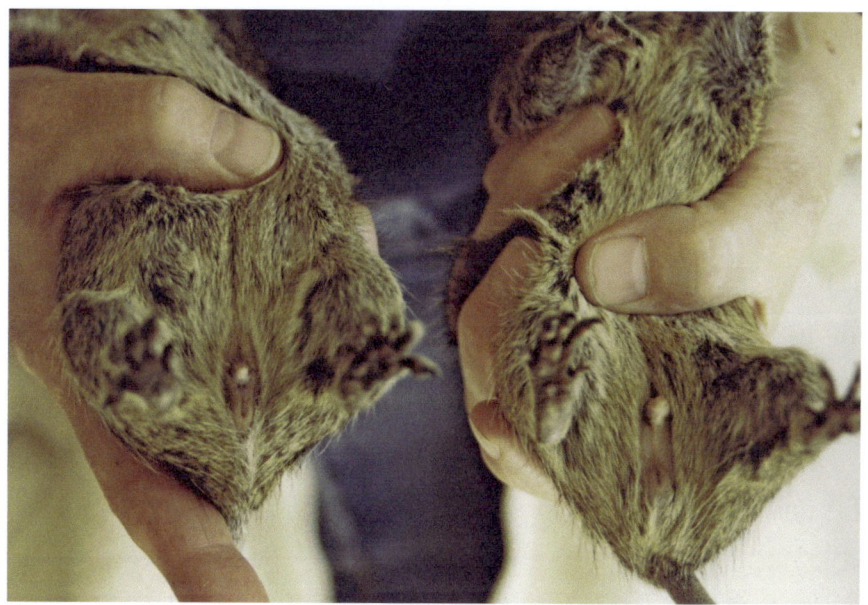

Hunnen til venstre – hannen til højre

AT SÆTTE DEGUER SAMMEN

Et af de hyppigste spørgsmål vi får via vores hjemmeside, er hvordan man sætter deguer sammen. Eller man har allerede en eller flere dyr, som nu er begyndt at slås. Hvad gør man så?

Det er helt naturligt at har man blot en enkel degu, så melder lysten til at give den en kammerat sig på et tidspunkt. Bortset fra at der naturligvis altid vil være undtagelser, så er hovedreglen efter års erfaring følgende:

Til en ung degu hun, (ikke voksen endnu) kan man sætte både hanner og hunner, både unge og voksne dyr.

Til en voksen hun kan man, - med forsigtighed, - sætte en voksen hun eller én han, - evt. flere hunner og én han.

Til en han unge indtil ca. 3 mdr. gammel, kan man sætte unge og voksne hunner. Måske – kun måske, kan man sætte en anden han unge - max 3 mdr. Men så må der ikke være nogen hunner!

Til en voksen han, kan man kun sætte hunner, - unger eller voksne!

Hvordan gør man så? Er det ret unge dyr, kan man forholdsvis ukompliceret blot sætte dem sammen når man kommer hjem med den ny indkøbte degu.

Er et af individerne et voksent dyr, kan det være bedst at have dem i hvert sit bur i nogle dage. Måske også i hver sin ende af rummet. Så kan de lugte og høre, og blive nysgerrige.

Derefter flytter man dem nærmere hinanden og til slut står burene tæt sammen. Når ens fornemmelse fortæller en, at nu prøver vi altså, - så lukkes de sammen. Prøv evt. om man kan få to åbninger i buret til at støde sammen, så de selv bestemmer hvornår det skal være.

Vi har et par gange skulle sætte voksne individer sammen, og har været i tvivl om, hvornår det var bedst. Så tog vi to klude og gned hvert dyr med. Kluden optog dyrets lugt som vi derefter gned ind i det andet dyr. Vi havde en forventning om, at når duftene blev blandet ville det nye dyr fremstå knap så voldsomt. Det gik faktisk fint at sætte dem sammen.

En enkelt gang var det to meget tamme dyr, men de viste lidt "hysteri" over at se den anden degu. Da de var så tamme kunne vi simpelt give begge dyr et forsigtigt bad. Vi brugte lunkent vand og en shampoo til katte, som er noget af det mildeste. Skyllede godt efter, tørrede med et tykt håndklæde og satte dyrene sammen. De havde nu så travlt med at gøre pelsen i orden, at de faktisk ikke ænsede at de var sat sammen. Og det gik godt!

DEGUER DER SLÅS

Hvad gør man hvis man har dyr der pludselig begynder at slås? Tja, - hvis de trives fint til daglig og det blot er lidt "søskende" slåskamp om retten til den bedste mad eller at komme først til truget, så sker der nok ikke så meget ved det. Men er det alvorligt og de skader hinanden, så må de skilles ad. Ofte vil det være voksne individer, f.eks. hanner der ikke kan sammen (mere), eller individer der simpelthen ikke kan lide hinanden. Det sker hos deguer, såvel som det kan ske i en katte eller hundeflok, - at de simpelthen ikke har samme kemi.

Atså, - de må skilles ad. Ofte vil det være en god og måske ligefrem nødvendig ting, at finde nyt hjem. Kan man ikke det, må man overveje om man skal vælge aflivning som udvej. Hellere det, end en flok der splitter hinanden ad.

Men står man med et par der småhugges og gerne vil stoppe det, kan man give et par forsigtige sprøjt med en vandforstøver. Så får de pelspleje at tænke på i stedet for hvem der sidder tættest på madskålen. Men det er kun en nødløsning. Skal du skille deguer der slås, så husk handsker. De vil være i forsvarsposition selvom der er et øjebliks time-out i buret!

FORPLANTNING

Som nævnt i indledningen, kan deguer blive kønsmodne meget tidligt. Vi har ikke selv oplevet de ekstremt tidlige drægtigheder, men 5-6 mdr. er bestemt en almindelig alder for at både hanner og hunner at blive kønsmodne.

Har man været heldig at overvære en parring, vil man nogen gange kunne se hannen indtage en "Tarzan" attitude på et højt placeret punkt i buret, og komme med nogle høje skrig som han nærmest støder ud af kroppen. Ret fascinerende!

En drægtighed tager i forhold til andre gnavere, meget lang tid. Fra 77 til 105 dage! Deguens unger er så til gengæld helt færdige ved fødslen, og kan følge deres mor kort tid efter. Hunnen føder i gennemsnit 5 unger i et kuld, varierende fra ganske få unger, og helt op til 9-10 unger. En unge vejer ca. 14 g. ved fødslen. Hun arrangerer en rede i en hule eller i bunden i buret, og her reder hun op med hvad hun kan finde af materiale. Hun vil nu være taknemmelig for alt hvad du tilbyder hende.

Nogle hunner begynder redebygningen flere dage før fødslen, andre blot kort tid inden. Det er naturligvis fuldstændig forbudt at blande sig i fødslen. Men når hun er færdig og måske ved at læske ganen med lidt frisk vand, kan du evt. forsigtigt tjekke reden for evt. døde unger. Vær opmærksom på, at nogle hunner ikke accepterer dette, og vil reagere med at flytte ungerne et nyt sted hen. Derfor må du forinden vurdere, hvor fortrolig din hun er overfor din indblanden. Er du i tvivl, så lad være.

Her skal jeg lige bemærke, - at det indimellem sker, at der i et kuld nyfødte unger, fødes en nøgen unge. Ingen ved rigtigt hvorfor, og pelsen vokser ud, - men pudsigt er det. Det er almindelig adfærd bl.a. blandt gnavere, at spise døde unger. Hvis du derfor pludselig opdager at der mangler en unge i kuldet, kan det meget vel være grunden. I naturen er det en sikker måde at skaffe sig af med døde unger på, så de derved ikke tiltrækker ådselædere.

Det er ikke nødvendigt at fjerne hannen fra buret inden fødslen. Han blander sig sjældent og gør ikke ungerne noget. En enkelt gang har vi set en han parre sig med hunnen så snart hun var færdig med at føde. Vi har aldrig brugt at fjerne hannen inden fødslen, og ved derfor ikke om det gør en forskel i forhold til hun og unger bagefter.

Hunnen har i alt 8 dievorter, og dier ungerne i ca. 3-4 uger, men allerede fra første dag er ungerne i praksis i stand til at spise selv. Og de er da heller ikke mere end et par dage gamle før man vil se dem forsøge at kravle op i madskål og forsyne sig. Ungerne er meget hurtigt aktive og særdeles nysgerrige. Husk at nyde denne tid. Der er mange timers morskab i at sidde og betragte dem lege, slås og spise!

Min bror havde fået et par deguer af os, og da han ikke havde meget plads, byggede han på vores anbefaling, blot i højden i stedet. Det var jo god udnyttelse af pladsen! Da deguerne kravler, havde de da også vældig sjov med at bo på disse mange etager. Men, - der kom også unger, og de små unger på blot en uge kravler også! Og de var ikke så sikre på benene, poterne var ikke så store til at få ordentlig fat, og det resulterede i at de drattede ned i bunden. Det var ikke rart at se på, og der måtte flyttes om på tingene.

Når ungerne er 4-5 uger gamle, er det på tide at flytte hjemmefra hvis man ikke beholder dem selv.

Det sker, at vi får en næsten panisk opringning fra en degu ejer, der har brug for at flaske et kuld unger op. Det kan naturligvis ske at en hun dør under eller efter fødslen, selvom det heldigvis ikke er almindeligt.

Jeg er måske lidt barsk når jeg skriver dette, men jeg ville nok ikke selv kaste mig ud i at opflaske en degu unge. Jeg har prøvet det nogle gange med kattekillinger og hundehvalpe, men en degu er så meget mindre, og langt skrøbeligere, at det for mig synes uoverkommeligt og næsten håbløst fra starten.

Men, - hvis man insisterer på at gøre forsøget, skal man være forberedt på at det kræver at der fodres hver 2. time døgnet igennem.

Der benyttes hvalpe eller killingemælk. Man kan købe mælken i dyrehandlen, hos dyrlægen, eller på apoteket. En del dagligvare butikker er begyndt at forhandle killinge-mælk i en færdig opløsning på flaske,. Det er nok at fore-trække, og både nemmest og billigst.

I starten er selv en sut til killinger for stor til en degu unge, og man må derfor bruge en pipette. Senere kan man bruge en sut til kattekillinger, hvis man kan få ungen til at sutte.

Pipette og sutteflaske købes også hos dyrehandlen, dyrlæ-gen eller apoteket.

Man må forsøge sig frem, med få dråber ad gangen til hvert måltid indtil man har en fornemmelse af hvor meget ungen kan tage.

Mælken skal være lunken, - som til babyer. Altså hverken varm eller kold. Og man drypper forsigtig en dråbe ad gangen ind i ungens mund på tungen. Pas på ikke at stikke pipetten helt ned i halsen.

Hver gang ungen er færdigfodret, skal den masseres forsig-tigt på den nederste del af maven og omkring anus, for at stimulere fordøjelsen og få maven til at fungere. Nøjagtigt som når hunnen slikker sine unger rene. Der kan evt. bruges en fugtig skumvaskeklud viklet omkring en finger.

Som man kan læse, er det en meget stor opgave at give sig i kast med, men vi har faktisk hørt om en deguejer der klarede at fodre 4 unger op, på denne måde. Selv om man har gjort sit bedste, må man være indstillet på at disse unger er mere skrøbelige over for infektioner, da de trods alle gode intentioner, mangler vigtige antistoffer fra deres mors mælk.

DEGUEN SOM KÆLEDYR

Deguens adfærd er netop grunden til at vi har taget den til os som kæledyr.

Først og fremmest er det en fordel at deguen er dagaktiv. Dvs. at den har en døgnrytme der ligner menneskers, at være vågen om dagen, (gerne med en middagslur) og sove om natten. Det er praktisk i forhold til beslutningen om hvor i huset den lille fyr skal have sit bur. Den kan sagtens stå på et børneværelse eller i stuen uden at genere nattesøvnen. Og den er aktiv og i vigør når vi er vågne og gerne vil følge dens liv og nyde dens selskab.

Og det er hyggeligt selskab! Det pudsige ved deguen er dens frygtløshed. Det har helt sikkert kostet nogle deguer livet, at den som udgangspunkt er mere nysgerrig end på-passelig.

Selv de deguer vi havde i vores voliere og som bestemt ikke var tamme, gemte sig kun i meget kort tid, - under 1 minut, før de var fremme igen for at se hvad der nu skete, og så fortsatte med deres aktiviteter.

Denne nysgerrig gør naturligvis at deguen er nem at få endog meget tam. Og har man blot en smule tålmodighed og bruger den samme måde at nærme sig deguen, vil man meget hurtigt kunne få kontakt med den. Respekter at den ikke straks du har bragt den hjem, kravler op i hånden på dig. Deguen kender endnu ikke din stemme og duft. Snak med den, og væn den til de lyde der nu engang er naturlige i dit hjem.

DEGUENS LYDE

Deguer har deres helt særegne lyde. Noget af det første man ofte hører hvis man har mere end en enkelt degu, er sådan en "iritationslyd" som jeg kalder den! Man hører den især når der er noget spændende de alle gerne vil have kløerne i, og hver især mener de har førsteret til. Dette jo ikke en lydbog, - men forestil dig et par børn der sidder og slås i sandkassen om det samme stykke legetøj! Sådan en omgang – "øv, det er min – du er dum "lyd. Skabet og skingert!

Anderledes er det når deguen sidder og småhygger sig selv. Så er det en stille bib-bib-agtig lyd. Lidt som stille fuglekvidder i skumringen! Et par deguer der sidder og får sig en sludder, lyder som en hyggelig piv-snak om middagsbordet. Sådan lidt i munden på hinanden!

Deguer der er i gang med en aktivitet, vil ofte bruge korte stød lyde, vekslende med relativt korte skingre toner. Mens deguer der sidder og holder skumringstime i ro og fordragelighed, vil ofte komme med lyde der næsten minder om ganske svag småpippen, som en svag fuglekvidder i et ganske hyggeligt toneleje.

En degu der sidder for sig selv, og får sig en fornuftig stille snak, - ja det er næsten som at høre en svag raslen. En sur degu udstøder en kort skinger tone, efterfulgt af en raslen og afslutter nærmest med noget der lyder som om vejret skal hives gennem halsen. Dette lyder igen og igen (til den har fået sin vilje!) Efterhånden som man lærer sin degus lyd at kende, kan man nemt høre hvilket humør den er i.

HÅNDTERING AF DEGUEN

Lad ikke din degu løbe frit i dit hjem før den er fortrolig med dig, forbinder dig med hygge og måske en mulighed for en godbid. Sørg for at det kan betale sig at komme hen til dig. Deguen er meget social sammen med artsfæller. Har man to eller flere, vil man opleve at de meget ofte sidder i klump. At de nærmest stabler sig op i pyramideform for at være så tæt på hinanden som muligt. Og man vil se at de sørger for at der er plads til alle i deres sovekasse/hule, hvor de sover så tæt som overhovedet muligt.

Derfor må vi også gå ud fra, at en degu er glad for den fysiske kontakt, og de fleste deguejere oplever at deres degu er glad for at blive nusset og kælet for.

Man bør sikre sig, at man ikke kan komme til at tabe sin degu når man har den i hænderne. At man bruger rolige bevægelser når man håndterer den. Er deguen tam og man skal flytte den, holder man deguen mellem to hænder. Har man brug for at håndtere den mere præcist, kan man tage omkring ryg og mave.

Når du har en helt klar fornemmelse af, at din degu er fortrolig og tryg ved dig, får du måske lyst til at prøve at lade den løbe frit i et rum. Og det er da helt sikkert, at deguen vil elske at få lov at spurte af sted og undersøge alle de spændene ting den indtil nu kun har betragtet på afstand.

Inden du lader den komme på udflugt i stuen, så skal du sikre dig at alle vinduer og døre er forsvarligt lukkede. Du skal fjerne alle ledninger som den kan komme til, - og husk at den er god til at kravle. Er der ledninger der ikke kan fjernes skal du afbryde strømmen. Vær opmærksom på planter den kan komme til. En del af de planter som vi pynter op med indendørs, er giftige at spise men det ved en degu der har levet i fangenskab ikke! Mange med deguer i bur, har fundet ud af at entréen ofte er et godt sted at lade den løbe frit. Der er sjældent noget den kan komme til skade ved. Man kan evt. fremstille en lille legeplads der kun bliver brugt når den opholder sig der.

Den dag din degu for første gang skal prøve at løbe løs i et rum, kan du evt. starte med at fjerne dens mad om morgenen. En sulten degu er nemmere at lokke til sig, når du om eftermiddagen skal gøre forsøge. Hav nogle af deguens favoritgodbidder parat, når du gerne vil have den ind i buret igen. Men deguen skal op i din hånd for at få maden, så du har fat i den. Det hjælper ikke hvis du smider foder omkring dig.

Og lad være med at jage den! Det er det virkelig svære! For når man i 15 min. har forsøgt at lokke deguen tilbage i buret bliver man utålmodig! Men det er svært at fange en degu der lige synes det er smadder sjovt at løbe under sofaen, op ad reolen og hen over spisebordet! En god ting kan være at have indkøbt fiskenet eller net til indfangning af fugle. Det er nemmere at fange bissen med, og du slipper for at få taget for hårdt fat. Når deguen er i nettet, vender du hurtigt stangen en halv omgang så rammen lukker af for åbningen. På den måde vil din degu heller ikke forbinde indfangningen med dine hænder og dig. Men - dette er kun en nødløsning. Det bedste er naturligvis at give sig tid og lokke den ind i buret igen.

Deguer bider sjældent! Og hvis det endelig sker, gør det pokkers ondt! Men der skal meget til for at en degu bider. Man får måske taget for hård fat, eller deguen bliver voldsom forskrækket. Trods de mange deguer jeg har håndteret gennem årene, er jeg kun blevet bidt 2 gange.

Den ene gang var min egen fejl. Vi havde kun haft dem kort tid, og jeg var bange for at tabe den og fik taget for hård fat. Anden gang havde jeg fat i et dyr der havde siddet fastklemt og fået en voldsom skade. Dyret var i panik og forsøgte naturligvis at slippe fri, og bed! Men som sagt er det usædvanligt at den bider.

Har man et enkelt dyr, er det nok svært overhovedet at undgå at den bliver tam. Og så kan man måske skabe en tilknytning til sin degu, ligesom en ung fyr vi havde kontakt med.

Han havde sin degu med overalt. Deguen hed Monster, - og den sad på hans skulder og fulgte med overalt. Han havde altid en hættetrøje på, og når deguen var træt, søgte den ned i hætten for at snuppe sig en lur. Det var heller ikke ligefrem degu mad Monster fik serveret, og dette var den egentlige grund til at fyren mailede os. Monster havde dårlig mave! Da vi lærte dem at kende, levede Monster af bidder af hans egen mad, der hovedsalig bestod af pizza og burgere, cola og jordbærmilkshake. Vi fik ham overtalt til at have en håndfuld nødder i lommen, kun give Monster af salaten fra burgeren og nøjes med at tilbyde ham vand. Efter kort tid, behøvede han ikke at skifte trøje flere gange om dagen, og Monster har helt sikkert syntes at en valnød var bedre end slatten salat smurt ind i dressing.

Har man flere deguer i et bur, vil man alligevel kunne få dem tamme med lidt tålmodighed. Og snart vil man opleve at de står i kø når man lukker lågen op til dem. Det er morsomt og man vil også i højere grad, opleve forskellighederne i hvert dyrs temperament. Nogle er mere pågående end andre.

Den tidligere omtalte hun som lærte at løbe i hjul, var særlig sjov! Når jeg havde fodret om morgenen var hun som en af de første i foderskålen og snuppe hendes favorit. Det var som regel en majsflakes som hun stoppede i munden straks. Og så kunne hun have en ærteflakes i poten og stadig kravle rundt i buret.

Når jeg så som altid, tilbød hver degu en jordnød i skal, var hun vældig på den. Hver eneste morgen, samme forestilling! For hun ville jo have den jordnød! Men hvordan skulle hun nu håndtere den? Så kunne man se hende spytte majsen ud i den anden pote, putte ærten i munden, og tage imod jordnødden! Men så kunne hun ikke flytte sig! Så gav hun mig jordnødden og spyttede ærten ud. Tog jordnødden i munden og ærten i poten. Hun endte dog altid med at give op, og så hurtigt som muligt spise både ært og majs, så hun kunne håndtere jordnødden! Jeg syntes det var så morsomt!

Har man deguer i større antal i en voliere er det naturligvis lidt sværere. Men ikke umuligt. Det er nemt at lokke med godbidder! Og har man tålmodighed og tilbringer tid i volieren så deguerne bliver trygge ved at man er der, vil de også efterhånden komme nærmere og nærmere, og til sidst blot fortsætte deres normale aktiviteter som om man slet ikke var til stede. Og så er det jo at det bliver rigtig spændene. For det er nu det giver mulighed for at iagttage dem og studere deres indbyrdes liv.

FRA ET LILLE BUR TIL VORES STORE VOLIERE

Den er blevet nævnt nogle gange, og jeg brænder da også for at fortælle om denne fantastiske mulighed vi havde for at give vore dyr masser af plads. Mit håb er, at det kan give inspiration til, at nogle får øje for de muligheder de med lidt fantasi måske trods alt har.

Ligesom så mange andre, kom vi en dag hjem med nogle dyr, - indkøbt spontant ved et besøg hos en dyrehandel. Vi anede ikke hvad vi havde købt! Dyrehandleren vidste kun at det var deguer og at det var en gnaver, - hvilket trods alt var ret indlysende. Jeg er absolut ikke tilhænger af at købe dyr spontant og uden forberedelse. Men i dette tilfælde kunne det trods alt ikke gå helt galt, da min mand og jeg hver især har mange års erfaring med en meget bred variation af dyr, heriblandt gnavere.

Hjemme blev de installeret i et stort bur beregnet til hamstere. Vi bryggede en kande kaffe og gik i gang med at lede på internettet efter oplysninger om deguer.

Det blev noget af en opgave, for der var intet på dansk for 6-7 år siden. Så det blev de udenlandske degusider der måtte lægge stof til vores læselyst. Generelt kunne man se at folk selv byggede deres bur til deguerne. Og der gik heller ikke mange timer før vi fandt ud af hvorfor. Da havde vores egne nyindkøbte deguer, nemlig gnavet sig godt og grundigt igennem det fine hamsterbur, og var på vej ud i stuen. Der var selvfølgelig også mere plads!

Så i hast måtte vi fremstille et bur der afskar dem muligheden for at bide sig igennem. Det måtte så holde et par dage,

imens vi byggede et mere permanent stort bur til dem. Vi byggede ud fra den erfaring vi på den korte tid havde gjort os. Med træ skelet og volierenet forsvarligt monteret indvendig. Vi overvejede flere ting. Dels naturligvis hvordan volieren skulle bygges - i højden eller i bredden? Hvad skulle monteres i buret? I dyrehandlen havde de gået i et lille bitte metalbur uden mulighed for at klatre. På internettet var de bure vi så, overvejende bygget som flade kasser. Kun få var indrettet med klatremulighed, og da kun med hylder som fælles forbindelse.

Men ved at betragte deguerne ved fodring, syntes vi at kunne se at de var meget ferme til at bruge i hvert fald deres forpoter til at håndtere maden. Det gav os en ide om, at de måske også kunne - hvis ikke ligefrem klatre, så dog bevæge sig mere smidigt rundt end marsvin, som vi havde meget erfaring med.

Altså endte vi med at vælge at bygge deres voliere både i bredden og i højden, så der kunne anbringes ting der ville stimulere evt. klatrelyst. Det blev til små afsatser, til groft tovværk og til kraftige grene der skabte forbindelse mellem de forskellige niveauer. I bunden anbragte vi nogle træstykker som evt. kunne bruges som hule. Og endelig i bunden et tykt lag savsmuld.

Deguerne ville meget gerne bevæge sig rundt overalt og brugte alt vi havde anbragt i volieren. Men de drattede hele tiden ned! Derfor varede det ikke længe før vi valgte at fjerne træstykkerne i bunden.

I dag ved vi, at de simpelthen ikke var trænede i at bruge deres gribereflekser i klatring. Den gang var vi i tvivl om, om de overhovedet var bygget at klatre. Men det var tydeligt at de nød det, og så snart en degu var drattet ned i bunden, rystede den sig blot og så var det op igen.

Der gik kun kort tid før de var langt mere sikre og var overalt. Og hurtigt fandt de yndlingspladser som ikke nødvendigvis var højest, men gerne hvor der var lidt hulefornemmelse.

Da de var holdt helt op med at dratte ned, blev træstykkerne anbragt i bunden igen. Vi havde lagt en avis nederst under savsmulden, og pludselig var de i gang med at rive denne avis i stumper og stykker. Den blev brugt til at rede sovepladserne med. Det var fantastisk at se hvordan de alle hjalp til, og det var et stykke arbejde der blev udført med stor omhu og gjort om en del gange, til de besluttede sig for at det var i orden. De må have sovet dejligt den nat.

Vi havde jo lagt mærke til, at det var dagaktive dyr, - en herlig opdagelse at gøre. Vores hamstere havde vi gående i deres bure langt fra vores eget soveværelse, netop fordi de var ret aktive om natten. Netop denne omstændighed, - om dyret er dag eller nat aktiv, er en ting som familier ikke altid tænker på når de anskaffer sig et dyr.

For en pige på 8 år, er der altså ikke ret meget sjov ved at få den yndigste lille hamster, for blot at opdage at den gemmer sig i sin hule, og snorksover hele dagen. Og når hun så skal i seng om aftenen, er hamsteren endelig vågnet, og larmer nu så meget at hun kun med besvær kan falde i søvn.

Deguerne boede i denne voliere i en tid. Og så gik det som det altid går hos os, - vi ønskede at give dem mere plads!

DEGUERNE HOLDER FLYTTEDAG

På Nordfyn ligger vores hus og have, og ikke mindst vores stald hvor vi kan boltre os som vi har lyst. Og det gør vi! Her har vi en lille kattepension, et par ponyer, og i en del af stalden, indrettet en række volierer i forlængelse af hinanden. I disse gik der en del forskellige fugle. Her var også

flere store bokse hvor vores marsvineflokke gik. Dvs. så-
dan var det en periode! For når vi har haft dyrene et stykke
tid, så begynder ideerne at komme, og det slog mig, at det
faktisk var lidt fjollet at opdele fuglene i arter, når de sag-
tens kunne gå sammen. Vi havde ikke fugle for at avle til
udstilling men udelukkende for at iagttage dem. Følgen
blev, at vi rev skillevæggene mellem voliererne ned og
fuglene fik derved en herlig lang voliere. Det var tydeligt
de nød det. Nogen adskillelse havde vi dog tilbage.

Sædvanligvis sætter man ikke små finker og undulater
sammen. Hvorfor ikke? Ja vi vidste det ikke og kunne ikke
finde forklaringer der stillede os tilfreds. Derfor ville vi
gøre forsøget og endte med at lade dem alle være sammen i
en nu ret stor flyvevoliere. Vi havde dog stadig en opdeling
mellem voliererne, og vores marsvinebokse.

Vi havde fået tanken at lade deguerne flytte ud i stalden.
Vi havde besluttet at afprøve hvordan de ville klare tempe-
raturen i stalden. Vi vidste af erfaring, at der aldrig blev
over 22° og aldrig under 5°. Kunne vi se at de ikke trivedes
ved det, kunne vi flytte dem ind i huset igen.

 Vi havde en enkelt, mindre voliere tilbage efter flytningen
af fuglene, og heri skulle deguerne bo. Den blev indrettet

med en stor hul træstub med masser at gemme, kravle, og hulemuligheder.

Deguerne flyttede derud, og de nød det! Der blev stablet træstykker op de kunne bo i, og de deltes tilsyneladende nu op i to små grupper, som enedes fint sammen. Deguerne kom til vores lettelse, stadig hen og fik deres jordnød hver morgen!

Sådan gik der en rum tid. Vi var på sin vis glade for at have givet fuglene meget bedre mulighed for at flyve lange stræk. Men alligevel var vi ikke helt tilfredse. Jeg vil indskyde at, af forskellige årsager var der ikke mulighed for at lave udendørs voliere adgang i forbindelse med stalden. Det ville være optimalt, men det kunne vi ikke.

Vi havde for år tilbage haft en lille voliere på blot 1x4 meter på en overdækket terrasse. Her var der udelukkende forskellige finkearter, - og marsvin i bunden. Det er meget alternativt, - det ved vi godt, og mange fuglefolk vil korse sig når de hører det. Lad dem om det.

Det var det vi ville igen! Da beslutningen først var taget, gik der ikke mange dage før der blev flyttet vægge og slæbt halve træer og grene i massevis til indretningen. Vi diskuterede en del, hvad vi skulle bruge som strøelse da

volieren vil komme til at dække omkring 50-60 m². I den
før omtalte lille voliere, havde vi brugt ganske alm. have-
jord for at fuglene kunne rode og pille som de havde lyst
til.

Vi besluttede at prøve at bruge havejord i en del af staldvo-
lieren og savsmuld i en anden del. Selvom vi havde taget
beslutningen om at lade det være et´ stort rum, var vi alli-
gevel nødt til at have 2 mindre adskilte områder til vores
cuyer. Cuyer er kæmpemarsvin. De cuyer vi havde, var
ikke kælemarsvin og kunne være lidt aggressive, og både
på grund af størrelsen og temperamentet kunne vi ikke ri-
sikere at de parrede sig med de almindelige marsvin.

Det var sjovt at gå rundt og udtænke indretning og få an-
bragt grene og reder som vi forestillede os fuglene gerne
ville have det. Til marsvinene måtte der laves sovepladser
og foderpladser. Det var en god følelse at lukke alle fugle
og marsvin sammen. For selvom det stadig var indendørs i
en stald, var dyrene trods alt meget tættere på et frit liv,
med mulighed for at bevæge og gemme sig, og bosætte sig
mange forskellige steder.

For kort tid siden, fandt jeg et ældre nummer af magasinet
Dansk Fuglehold. En kvinde havde et indlæg hvor hun for-

talte at hendes mand havde en stor voliere med mange fug-
le. Hun havde fået ideen at holde andre dyr i bunden, for at
udnytte pladsen, og overskudsfoderet i bunden. Kunne man
det? Svaret var nærmest en latterliggørelse over denne tå-
belige ide! Man blandede så sandelig ikke arter, og slet
ikke fugle og gnavere. Næ, - hver ting til sin tid! Jeg kan
ikke lade være med at ryste på hovedet over sådan en ind-
stilling.

Der blev bygget reder de særeste steder, og kun få at de
færdige reder blev benyttet til andet end at sove i. Og med
marsvinene var det herligt at se dem tøffe rundt på rad og
række, som marsvin nu gør det. En marsvinemor med sine
unger i hælene, og en flok fugle der sidder i ro og mag og
spiser blandt marsvin. Et herligt syn!

Selvom denne bog jo handler om deguer skal her lige en
lille pudsig historie med. En hancuy gik for sig selv i et
indhegnet område. Han havde ingen hule at gemme sig i,
for ellers opholdt han sig der døgnet rundt. Han havde
masser af hø og rodede vældigt med det, men vi havde
gennem nogle dage lagt mærke til, at han havde en under-
lig bar plet på ryggen. Vi undersøgte ham, men der var til-
syneladende intet i vejen. Han var i fin stand og havde hel-
ler ikke utøj. Vi havde ved indretningen i volieren arrange-

ret at der kunne stå et par stole, så vi kunne tage kaffen med derover og sidde og nyde stedet. Det gjorde vi ofte og en eftermiddag nogle dage efter, bemærkede vi noget pudsigt. Cuyen sad og halvsov mens et par finker nærmede sig forsigtig. Pludseligt sad de på ryggen af ham og pillede pels ud, som de derefter fløj hen i deres rede med. Da vi kikkede i reden var der den fineste opredning med en lille bunke pels. De lå dejligt, de unger i reden. Og cuyen, - han fik en hule at gemme sig i.

Der gik en tid hvor vi nød vores store stald utroligt meget, både den med fugle og marsvin, men også deguerne i deres voliere. Så fik vi en henvendelse fra en familie med en lille flok deguer på 5-6 dyr. De skulle finde nyt hjem, og familien havde læst vores hjemmeside, - og ville vi mon overtage denne flok?

Vi var rent ud sagt lidt på den. Vi ville gerne hjælpe, men faktisk havde vi ikke plads til flere deguer. Ja, - altså hvis man så på hvordan vi gerne ville have dem. Der blev drøftet mange løsningsmodeller, indtil det slog os: kan man sætte dem sammen med fugle og marsvin?

Det var håbløst at lede efter informationer for der var ingen! Vi gennemgik hvad der kunne være af problemer, og for os at se ville det være evt. fjendtlighed overfor marsvin og fugle. Og om de ville splitte fuglenes reder med æg og unger.

Den var svær! Men vi endte med at ville prøve, og satte familien i stævne i stalden. Alle holdt vejret da deguerne blev lukket ud! Det var tamme dyr og lige straks blev de omkring fødderne på familien. De har vel været nærmest lammet af skræk! Men efter nogle min. begyndte de dog at kikke sig omkring, og tog små afstikkere for at undersøge tingene, - og så spurtede de tilbage til familien

Det var sjovt! Det var en fornøjelse at se disse dyr undersøge stalden og langsomt udvide deres område mere og mere. I starten holdt de sig meget tæt op ad hinanden, men hurtigt begyndte de også at smutte rundt hver især.

Inde i volieren stod stadig nogle af de gamle bjælker der havde fungeret som opdeling af kreaturbokse, og der var bjælker i hele volierens længderetning. Hvis deguerne kravlede op ad volierenettet kunne de komme helt op under loftet og kravle ovenpå disse bjælker. Og dermed også komme til mange af de grene med reder, der hang rundt omkring. Det var et problem, for deguerne gjorde ganske vist hverken æg eller unger noget, men de tyggede i rederne! Vi fandt ud af, at hvis vi blot sørgede for at de ikke kunne finde forbindelsen til at komme fra den lodrette bjælke og til rederne, var det intet problem. Og for at tilgodese fuglene bedst muligt, hængte vi derfor nogle reder op på et stykke volierenet monteret på væggene. Derefter gik det fint

I løbet af kort tid, begyndte deguerne at indrette huler i marsvinenes boliger. Det var upraktisk. For marsvinene! Vi tog derfor et par trillebøre fulde af brændeknuder, og smed knuderne i et par bunker oven på jorden. Kort tid efter begyndte deguerne at indrette sig en hule under, - eller var det måske imellem brændeknuderne!

Det var fantastisk spændene at se hvordan de arbejdede hårdt på at få indrettet sig. Det svære var, at vi ikke kunne følge med i hvad der skete inden i hulen! Men vi kunne se at der var en vældig trafik, og at de samlede alt muligt sammen som blev brugt til at tætne mellemrum med. Alt kunne bruges. Jordklumper. Småsten. Selv visne blade, og afgnavede majskolber kunne også bruges.

Det varede da heller ikke længe før vi kunne se at der var små på vej, for et par tykke degupiger tog særlig for sig når der blev fodret.

Det var svært at vurdere hvor meget foder der skulle gives hver dag. På et tidspunkt syntes vi at det var store mængder nødder og kraftfoder de satte til livs sammen med marsvinene. Og da vi samtidig havde mulighed for at servere masser af frugt og grønt som de så tydeligt foretrak, begyndte vi at få mistanke om at de samlede forråd. Derfor begyndte vi at sidde i volieren en stund og betragte dem når de var fodret. Og ganske rigtigt, - vi kunne nu se dem fare af sted med kraftfoder og nødder, og gemme det af vejen. Marsvin gemmer ikke forråd, men kunne sagtens nøjes med grønt, så vi indførte en dag om ugen hvor alle gnavere kun fik grønt. Derved fandt vi en balance hvor deguerne brugte af deres forråd, så det ikke lå for længe.

Med tiden kom der naturligvis flere og flere unger, og der blev helt naturligt dannet flere grupper af deguer der nu boede i hver deres brændestabel.

Vi havde en enkelt gang forsøgt at sætte 2 voksne deguer, ind til dem. Det var en katastrofe, for de blev simpelthen slagtet af den gamle flok. Og det skete få minutter efter vi havde sat dem ind. Et meget grimt syn og vi kunne intet stille op, men måtte blot indse at dette var et så etableret område at de ikke ville acceptere nye medlemmer. Derfor har vi da også siden, måtte sige nej tak, - når nogen tilbød os deres deguer.

Der var imidlertid mange fordele ved at have en så stor voliere. Det var f.eks. meget nemt at gøre rent derinde. Vi var efterhånden gået over til at have jord overalt. Og bortset fra at det støvede, var det praktisk og billigt!

Både marsvin og deguer bruger begrænsede områder til toilet når de har så meget plads. Så griser de ikke deres bolig til og det er nemt for os at samle sammen med en skovl. Urinen omsættes af jordbakterierne og lugter dermed heller ikke, selvom det ikke fjernes. Vi fugtede jorden indimellem for at tage støvet, men også for at holde liv i bakterieomsætningen i jorden.

En ting var vi dog meget i vildrede med. Hvordan skulle vi gøre rent i deguernes huler uden at ødelægge det møjsommelige arbejde de havde udført? Når der var kommet et nyt kuld til verden, ville vi jo også gerne tjekke, om der lå døde unger i rederne!

Hurtigt opdagede vi, at hvis en unge var død, ja så var den anbragt lidt væk fra åbningen ned til hulen. Denne mulighed havde deguerne ikke i et bur. Og selvom det altid var sørgeligt at finde en død unge, så var det på sin vis en løsning der var god for os, frem for at finde en halvspist unge i en rede.

Men problemet med hensyn til rengøring af hulerne løste sig. For det gjorde deguerne selv! Ca. en gang om måneden, lå der om morgenen en stor bunke affald lige uden for hulen og de var allerede i gang med at indrette sig på ny. Så var det med at sørge for ekstra stor bunke hø og måske også nogle ekstra kludestrimler, som de trods alt stadig var glade for. Og affaldsbunken var lige til at skovle op.

Vores marsvin havde en pæn alder efterhånden, og vi havde ikke flere hanner. Konsekvensen var naturligvis at marsvinegruppen blev mindre og mindre. Cuyerne var solgt til en dyrepark der ville indrette et område med cuyer, og vores deguflokke var blevet store. Det var svært for os at bedømme hvor mange der var. Måske 100 dyr, måske flere. hvis vi kom til at lave ukendt støj, forsvandt de alle med lynets hast ned i hulerne. Blev vi stående, kom de myldrende frem efter få min., og det var nemmere at få en fornemmelse af hvor mange der var. Vi forsøgte at tælle, men det var umuligt.

En meget spændende ting vi fik lov at opleve, var at deguerne gravede gange. Det blev et sindrigt gangsystem som vi med tiden kunne se sammenhængen i. Der var lange gange langs væggene, som kunne gå fra en hule til en anden. Det var ret interessant, da det jo betød at der trods alt var en vis trafik og besøg hos hinanden. Og der var korte gange som oftest gik fra hulen og til et "checkpoint". Altså et sted hvorfra der kunne holdes udkik. Andre gange førte til de faste fodersteder.

Fidusen med disse gangsystemer var naturligvis, at de-guerne var i sikkerhed for deres naturlige fjender, ved at være oppe på jorden så kort tid som muligt. Gangene var så smalle at kun et enkelt dyr ad gangen kunne løbe igennem. Hvordan det så lige lod sig gøre at der aldrig opstod trafikstop, ved jeg ikke. Måske har der undervejs været vigepladser, - der var jo ikke ligefrem opstillet trafiklys for hver ende.

Efterhånden som gangsystemerne blev udvidet, gav det lidt problemer for os. Der var et lag på omkring 30-40 cm. jord i stalden, så det var jo ikke ligefrem vanvittigt stabilt. Det kunne ikke nytte at vi trådte ovenpå en gravet gang. Derfor måtte vi grave nogle områder fri for jord, hvor vi kunne bevæge os sikkert, uden at være nervøs for at træde noget i stykker. Vi så aldrig at marsvin forsøgte at benytte disse gangsystemer. De voksne var naturligvis for store til at komme igennem, men marsvineungerne ville have kunnet. Måske fik ungerne en lille historie fra deres mor og far, om faren ved at gå i disse gange!

Deguernes checkpoints var steder hvorfra en eller flere dyr kunne holde øje med tingene, - sådan lidt fra oven. Der sad altid en degu på hvert af disse steder, og indimellem var der afløsning. Med disse bemandede observationsposter, kunne resten af flokken trygt spise, grave, eller lege uden at bekymre sig om sikkerheden. Skete der noget der åbenbart gav anledning til bekymring, udstødte den vagthavende nogle høje skrig, hvorefter alle dyr var ude af syne på få sekunder. Ret effektivt!

Om natten havde vi et par meget svage lamper tændt i stalden, så fuglene akkurat kunne orientere sig. Det sker at der kører en landbrugsmaskine forbi sent om aftenen, og fuglene kunne blive skræmt op. Men denne belysning gjorde også, at vi når det var mørkt, kunne stå uden for et af staldvinduerne og kikkc ind uden at de kunne se os. Og det var faktisk ret overraskende det vi så. Marsvin som jo bestemt er dagaktive, kunne sagtens tusse rundt og hyggespise lidt natmad. Og deguerne, - ja der var ofte også en lille gruppe der lige fik en sen aftensnack. Nu kunne vi så også se, at om sommeren sov de ikke alle sammen i hulerne. Mange steder sad deguerne i deres karakteristiske klumper, - nærmest filtret ind i hinanden – og sov. Ofte sad de på stubbe eller store sten. Men de var svære at få øje på i den meget svage belysning for deres farve var god nat camouflage. Interessant var det, at de vågne dyr, alle bevægede sig langsom og stille. Som om de ikke ville vække de sovende dyr!

Når vi sådan stod udenfor et staldvindue og klokken var måske hen ved midnat, talte vi tit om hvor mærkeligt det måtte se ud! Her stod vi i mørket, - to voksne mennesker med hver med en kop kaffe i hånden, og smugkikkede ind ad vinduet i vores egen stald!

Vi oplevede aldrig egentlig sygdom hos deguerne. Kun meget sjældent var nogen oppe og toppes, men der var meget sjældent skrammer. Vi slap naturligvis ikke for, et par gange at finde en voksen degu død, alt andet ville være mærkeligt med så mange dyr. Det pudsige var, at den døde degu tydeligt var anbragt lige indenfor lågen til volieren. Som om dyrene ønskede at vi skulle fjerne deres døde slægtning. For deguen lagde sig vel ikke ligefrem hen til døren for at dø netop der´.

Unge hanner i lag i staldvolieren.

Med så mange unger var vi naturligvis klar over, at vi på et tidspunkt ville nå bristepunktet for hvad volieren trods størrelsen kunne rumme. Vi solgte derfor af ungerne når vi kunne men især hanner blev der for mange af. Nu oplevede vi, at de samledes i flokke der holdt til på bestemte steder. Herfra kunne vi så nemt tage dem og fordele dem til nye hjem. Blev de meget ældre end 4-5 mdr. begyndte disse unge hanner uundgåeligt at slås.

Denne voliere var til stor glæde for os og også for de mange mennesker der kommer hos os, - venner, familie, og kunder i vores kattepension. Mange skulle liiige ud og kikke. Indimellem havde vi den store glæde at få besøg af en børnehave der gerne ville opleve staldvolieren, - og der var jo da også alle de andre dyr at kikke på.

Volieren måtte imidlertid nedlægges da vi efterhånden fik brug for pladsen til andre formål.

Vi var så uheldige at få utøj blandt gnaverne, og man kan sagtens behandle en lille flok, men at indsamle og behandle så mange, heriblandt fugle og marsvin, og også skulle fjerne utøj fra jorden var en umulig opgave for os. Derfor blev dyrene indsamlet i små " portioner", behandlet og fordelt. Nogle blev solgt, få beholdt vi selv, andre kom til dyreparker.

Men vi kunne naturligvis ikke lade være med at tælle. Fem-seks deguer var blevet til 171 levende dyr, plus de omkring 100 frasolgte på 3 år.

Vi har her i slutningen af 2008, blot nogle få gamle pensionerede deguer i en mindre voliere. Der får de lov at være, til de ikke kan mere.

Man kan se de er ved at være gamle. De bevæger sig knap så adræt. Synet er heller ikke det bedste, - og der skal derfor ikke flyttes rundt på tingene i volieren. Pelsen er stadig fin og tænderne i orden. Men vi holder øje med dem. Ofte vil det første tegn på svækkelse være at de begynder at tabe i vægt. Pludselig vil man kunne se rygraden tydeligt, og tager man deguen op, vil den føles mager.

Er det gamle dyr som disse der er omkring de 6 år, vil det ofte være organerne der ikke fungerer optimalt mere. Og de vil have svært ved at optage næring. Måske spiser de heller ikke så meget mere.

Så er det tiden at tænke på en værdig afsked for den lille trofaste degu. Måske er man "heldig" at den stille sover ind, uden at lide. Ellers må man gå vejen til dyrlægen der kan hjælpe den sidste tur. Det er vigtigt at man holder øje med at den ikke lider. Er man i tvivl kan man altid ringe til sin dyrlæge og spørge hvis man er i tvivl. Eller, - man kan via Pers og min hjemmeside, kontakte os med spørgsmål.

SYGDOM, SKADER OG DYRLÆGER

Når jeg nu har nævnt dyrlæge, så kommer man jo automatisk til at tænke på syge dyr. Hvad nu hvis min degu bliver syg? Jeg vil ikke lægge skjul på, at det er ikke nemt at behandle så små dyr. Fordi - hvis så lille en fyr bliver syg, er det meget hurtigt for sent at gøre noget. Det er ret sjældent at man opdager at der er noget galt før det er for sent! Nu er det heldigvis sådan, at hvis man passer sine dyr med godt foder, og sørger for at de ikke får træk eller hedeslag, så bliver de faktisk sjældent syge. Hvis det sker, vil det ofte være i forbindelse med f.eks. en fødsel, eller hvis deguerne har været oppe at slås.

Efter en fødsel kan der opstå livmoderbetændelse, hvis livmoderen ikke er blevet tømt ordentligt. Det vil give feber, deguen vil blive sløv og stoppe med at spise og drikke. Måske vil man se at der er betændelsesagtigt udflåd fra skeden. Men dette er svært at opdage, da deguen vil forsøge at holde sig ren selv om den er nok så syg. Det eneste man selv kan hjælpe med, er at sørge for at give noget væske. Det kan gøres med en pipette hvor man forsigtigt drypper vand i munden på deguen. Og så skal der penicillin til.

Hvis deguen har fået træk, kan det ske at der opstå lidt øjenbetændelse. Hvis man kan komme til det, kan det hjælpe at bade øjnene med lunken kamillete på en tot vat. Er øjnene klistret sammen, opblødes substansen først. Forsøg aldrig at tvinge eller pille betændelsen af. Man risikerer at få lavet et sår, og det er i øvrigt meget ubehageligt for deguen. Man bader deguens øjne f.eks. 2 gange daglig i 3-4 dage. Hvis det ikke bliver bedre bør man få noget øjensalve hos dyrlægen. Vær dog forberedt på, at dyrlægen måske ønsker at undersøge dyret først.

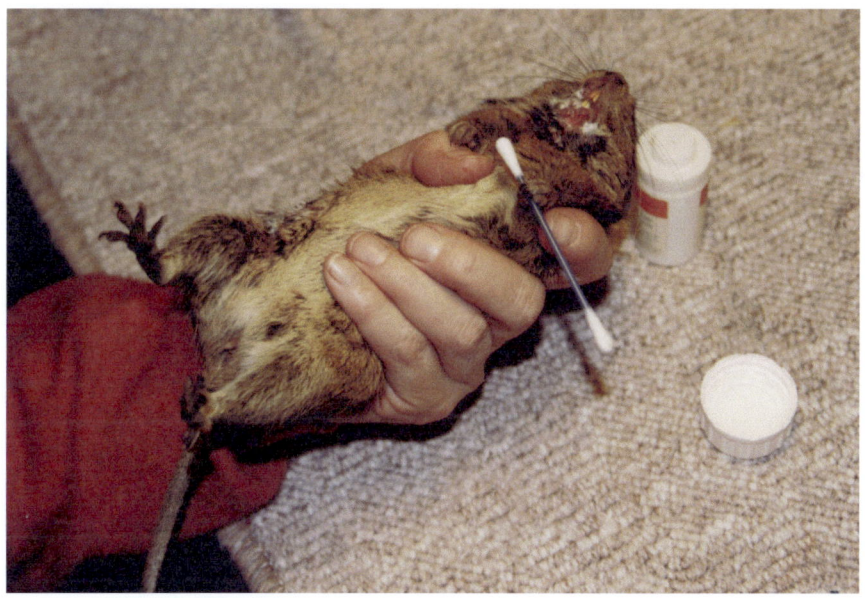

Deguen skulle have renset et sår under hagen

Jeg har tidligere været inde på vægttab i forbindelse med deguer og diabetes (sukkersyge).

Vægttab kan opstå af flere ting. Naturligvis hvis deguen af ukendte årsager skranter. Hvis man har flere dyr, skal man holde øje med at det ikke er fordi denne degu holdes fra madskålen af de andre. Er det et yngre dyr, og den spiser som sædvanlig, bør man naturligvis overveje hvad der kan være årsagen. Af erfaring vil jeg starte med at foreslå en total rengøring af deguens bolig, samt madskåle og vand-beholdere. Og så skifter man alt spiseligt ud med nyt ind-købt. Fordi, - det kan ske at der er fordærvet foder i den gamle foderbeholdning eller svampesporer i høet. Og det kan hurtigt gøre stor skade. Det kan ikke altid ses direkte i foderet, derfor udskiftes det hele.

En ting der kan svække en degu, er utøj. Lopper kan suge så meget blod af dyret faktisk dør af blodmangel eller føl-gesygdomme efter dette. Lopper kan også være bærere af sygdomme der svækker deguen. Er der utøj kan det hvis der er mange, ofte ses med det blotte øje. Ellers kan man benytte en loppekam til at trække gennem deguens pels. Vi har haft deguer med loppeangreb der umiddelbart lignede alm. kattelopper. Efter råd af vores dyrlæge, badede vi de-guen med en loppeshampoo til katte. Det er langt mere skånsomt end midler til hunde der ikke må bruges til gnavere. Man bør vælge et middel der virker straks og skylles ud umiddelbart efter. Man skyller forsigtigt med lunkent vand.

Men også hø kan indeholde utøj! Det er ofte små bitte hvide dyr, - som et knappenålshoved. Ved sådan et angreb vasker man deguen som beskrevet ovenfor. Husk at <u>hele</u> buret skal tømmes og grundigt rengøres hvis der har været utøj. Og, - er der flere dyr, skal alle behandles.

Hold også øje med om deguen tisser og har afføring. Kan man ikke se forskel på dyrets adfærd og vægt efter nogle få dage, bør man naturligvis overveje et dyrlægebesøg. Tag gerne noget af deguens afføring med i en pose. Måske kan det være relevant at undersøge deguens afføring for orm.

Er det en gammel degu, vil det være naturligt at tjekke om den f.eks. har en lungeinfektion. Det er alm. blandt gamle dyr, og ofte dødeligt. Kan man få lov til at tage sin degu op og holde dens brystkasse til øret, kan man ved lungebetændelse ofte høre en "hvæsende" eller boblende lyd. En degu vejrtrækning skal normalt være helt lydløs, så hvis der kan høres noget er det galt. Igen er penicillin det eneste man kan hjælpe med.

Ofte er vægttab en indikation for at kroppens organer er ved at gå i stå. Deguen spiser måske lige så meget som tidligere. Måske endda endnu mere. Men organerne kan ikke mere arbejde som før, arbejder langsommere, er slidte og optager derfor ikke næring fra maden. Derfor taber dyret sig. Ofte ser det ud til at ske det over ganske få dage. Pludselig opdager man, at deguen er så skarp over ryggen, at ryghvirvlerne kan tælles og hoftebenene stikker ud.

Er det en gammel degu er der ikke så meget at gøre. Der vil gå kort tid, og så vil kroppen langsomt "lukke ned". Og en dag vil man finde sin lille ven død. Ofte blot stille sovet ind fra en dejlig lur. Synes man det er for slemt at vente på, må man bede om hjælp til at få afsluttet livet for sin lille kammerat.

Slåskampe mellem sine deguer, er noget der ofte giver problemer med sår og betændelse, - måske ligefrem bylder.

En sund degu heler ret godt! Og mange små rifter heler op uden indblanding. Men er det store sår, kan det være nødvendigt med lidt hjælp. Det er naturligvis en forudsætning at man kan få lov! At deguen vil finde sig i at blive rodet med, men kan man få lov, renser man såret med klorhexidin på en tot vat eller vatpind. Er det et dybt sår, kan man med fordel spule såret med Klorhexidin. Det er nemmest hvis man suger væsken op i en engangssprøjte eller en øresprøjte og med dette skyller eller spuler man såret. Meningen er at forsøge at skylle bakterier og snavs ud af såret. Man kan få en salve der indeholder antibiotika, eller Topicinpudder (antibiotika) af dyrlægen. Dette smører eller pudres såret forsigtigt med. Men ofte vil det hele fint med blot nogle grundige rensninger. Er såret meget dybt, vil man måske overveje at få dyrlægen til at sy det. Det vil han som oftest ikke! Fordi der stort set altid vil være bakterier i såret og syr han det sammen, vil han lukke bakterierne inde.

Hvis man pludselig opdager en kraftig hævelse, som er øm ved berøring, vil det ofte være en byld. En byld kender man på det cirkelrunde hul den tømmer sig gennem. Man kan igen give penicillin, men ofte vil sådan en byld tømme sig selv. Det kan være meget uhumsk og lugte grimt. Kan man få lov til at rense materien væk, er det klart at foretrække. Man kan evt. spule sådan en byld med klorhexidin gennem udgangshullet. Det kan gøres nogle gange hvis man har en fornemmelse af at bylden fortsætter med at danne materie og bliver ved med at tømme sig. Efter et par dage bør en byld have tømt sig selv, men det sker at den lukker sammen for hurtigt, og igen danner materie. Bliver det ved, må man have fat i dyrlægen.

Husk at spørge om en pris, inden du bestiller tid. Bare så du er forberedt. Der kan være uhyggelig stor forskel på prisen for en konsultation for små dyr. Og selvom det måske tager næsten lige så lang tid at undersøge og behandle en lille gnaver som f.eks. en hund, så vil de fleste nok være enige i, at prisen måske kunne følges lidt ad med størrelsen. Sådan er det ikke altid! Derfor, - spørg om pris. Og husk, det er ok at spørge flere steder.

Dette skal man også huske hvis man, for at undgå flere unger, ønsker at få sin degu kastreret. Jeg har hørt om priser fra 350 kr. og op til 1200 kr. I den forbindelse skal man også huske at spørge, om dyrlægen har erfaring med små gnavere. Det er vanskeligt at dosere medicin og narkose til en gnaver. Så hvis dyrlægen ikke har erfaring er det bestemt er ok hvis dyrlægen ikke tør tage risikoen. Spørg om de kan henvise til andre.

<u>VORES FREMTIDSPLANER MED DEGUER</u>

De sidste deguer af vores oprindelige flok, vil helt sikkert ikke blive de sidste deguer vi har.

Vi har planer om, at udvide vores eksisterende fuglevoliere i haven. Der skal bygges til, - eller på, og vi vil meget gerne lave en del af det til udendørs degu område. Det vil kræve en del mere end at bygge fuglevoliere, da der natur ligvis skal sikres mod at de kan grave sig ud. Der skal graves jord af, og støbes eller lægges fliser under jordplan, og naturligvis også kantes med fliser. Og så fyldes jord på igen. For de skal have lov at grave deres gangsystemer og de skal have huler at gemme sig i. En isoleret og måske opvarmet bolig skal der bygges, så de kan holde den temperatur der er nødvendig for at overleve og leve et godt liv. Vi er spændte på når temperaturen falder, om de vil opholde sig udendørs om vinteren.

I stalden hvor der blev ned til omkring 4-5 grader om vinteren gav det tilsyneladende ikke den store forskel. Det var mest i foderforbruget vi kunne mærke det. Men der er naturligvis forskel på en lukket stald og en voliere i en have om vinteren, men forsøget skal gøres. Og vi glæder os!

LINKS

Her kan du få særligt velegnede bure til deguer:

Foder og Fritid
Bødkervej 5,
7000 Fredericia.   (Ligger lige ved afkørsel 59)
Tlf. 75 945 945
www.khfoderogfritid.dk

En engelsk hjemmeside med oplysninger om deguens ana-
tomi og med info af særlig interesse for dyrlæger, er:
www.degutopia.co.uk

Og du kan naturligvis besøge min egen hjemmeside hvor
du kan finde info om deguer og mange flere billeder. Især
lydoptagelser af deguernes sprog anbefaler jeg at man lyt-
ter til. www.degu.dk

Du kan via vores hovedhjemmeside også finde omtale af
nogle af de andre dyr vi har.
www.napena.dk